To the Reader . . .

The books in this series include Hispanics from the United States, Spain, and Latin America, as well as from other countries. Just as your parents and teachers play an important role in your life today, the people in these books have been important in shaping the world in which you live today. Many of these Hispanics lived long ago and far away. They discovered new lands, built settlements, fought for freedom, made laws, wrote books, and produced great works of art. All of these contributions were a part of the development of the United States and its rich and varied cultural heritage.

These Hispanics had one thing in common. They had goals, and they did whatever was necessary to achieve those goals, often against great odds. What we see in these people are dedicated, energetic men and women who had the ability to change the world to make it a better place. They can be your role models. Enjoy these books and learn from their examples.

Frank de Varona
General Consulting Editor

General Consulting Editor
Frank de Varona
Associate Superintendent
Bureau of Education
Dade County, Florida, Public Schools

Consultant and Translator
Alma Flor Ada
Professor of Education
University of San Francisco

Editorial
Barbara J. Behm, Project Editor
Judith Smart, Editor-in-Chief

Art/Production
Suzanne Beck, Art Director
Kathleen A. Hartnett, Designer
Carole Kramer, Designer
Eileen Rickey, Typesetter
Andrew Rupniewski, Production Manager

Copyright © 1991 Steck-Vaughn Company

Copyright © 1990 Raintree Publishers Limited Partnership

Library of Congress number: 89-38017

Library of Congress Cataloging in Publication Data

Gleiter, Jan
   Benito Juárez.
   (Raintree Hispanic stories)
   English and Spanish.
   Summary: A biography of the Mexican president who during his tenure in office separated church and state, established religious tolerance, and made the land distribution system more equitable.
   1. Juárez, Benito, 1806–1872—Juvenile literature. 2. Mexico—History—1821–1872—Juvenile literature. 3. Presidents—Mexico—Biography—Juvenile literature. [1. Juárez, Benito, 1806–1872. 2. Mexico—History—1821–1872. 3. Presidents—Mexico.] I. Title. II. Series.
F1233.J9G57   1989   972'.07'092 [B] [92]   89-38017

ISBN 0-8172-3381-4   hardcover library binding
ISBN 0-8114-6759-7   softcover binding

  4 5 6 7 8 9 0   96 95 94 93 92

BENITO JUÁREZ

Jan Gleiter

Illustrated by Francis Balistreri

RAINTREE
STECK-VAUGHN
L I B R A R Y
A Division of Steck-Vaughn Company

High up in the mountains, in the state of Oaxaca in Mexico, there is a village called San Pablo Guelatao. There, in a two-room house with a dirt floor, Benito Juárez was born on March 21, 1806.

Benito's parents were Zapotec Indians, and they were very poor. When Benito was three years old, both of his parents died. Benito and his two older sisters went to live with his grandparents, who died a few years later. Benito was then sent to live with his uncle, Bernardino Juárez. Benito's uncle wanted him to be educated, but there was no school in the village.

Benito's uncle tried to teach Benito what he knew, but there was not much time for lessons. Most of Benito's time was spent working in the fields, farming and herding sheep.

En lo alto de las montañas, en el estado de Oaxaca en México, hay un pueblo llamado San Pablo Guelatao. Allí, en una casita de dos cuartos, con piso de tierra, nació el 21 de marzo de 1806, Benito Juárez.

Los padres de Benito eran indios zapotecas y eran muy pobres. Cuando Benito tenía tres años murieron su padre y su madre. Benito y sus dos hermanas mayores fueron a vivir con sus abuelos, que murieron pocos años después. Benito fue enviado a vivir con su tío, Bernardino Juárez. Su tío quería que Benito se educara, pero en el pueblo no había escuela.

El tío de Benito trató de enseñarle todo lo que él sabía, pero no había mucho tiempo libre para el estudio. Benito se pasaba la mayor parte del tiempo trabajando en los campos, sembrando y pastoreando las ovejas.

5

Benito knew that the only way he could learn the things he wanted to know was to go to the city. One day, when he was twelve years old, he ran away from his small mountain village and walked forty miles to the city of Oaxaca. He found the house where one of his sisters worked as a cook. The family she worked for, the Mazas, were kind to the thin, ragged little boy. He stayed with them until they found him a job working in the home of a bookbinder. This man was also kind to Benito and sent him to school, but the education he received was a poor one.

Benito sabía que el único modo de poder aprender todo lo que quería era yendo a la ciudad. Un día, cuando tenía doce años, se escapó del pueblecito de las montañas y caminó cuarenta millas hasta la ciudad de Oaxaca. Encontró la casa en la que una de sus hermanas trabajaba de cocinera. La familia para la cual trabajaba, los Maza, fueron bondadosos con el chiquillo delgado y andrajoso. Se quedó con ellos hasta que le consiguieron trabajo en la casa de un encuadernador de libros. Este hombre también fue bondadoso con Benito y lo mandó a la escuela, pero la instrucción que recibió fue muy pobre.

It was not easy to be an Indian in a country where people of Spanish blood had all the advantages. Even at school, the Indian children were mostly ignored. It was difficult for Benito to get the education he wanted so badly, but he went from one school to another and learned what he could.

When he was twenty-two, Benito Juárez entered the Institute of Arts and Sciences and studied many things, including law. When he was twenty-five, he finished school and began work as a lawyer. In 1834, he passed the exams that allowed him to argue cases in the highest courts.

No es fácil ser indio en un país en que la gente de descendencia española tiene todas las ventajas. Aun en la escuela los niños indios recibían poca atención. Era difícil para Benito obtener la educación que tanto deseaba, pero fue de escuela en escuela y aprendió todo lo que pudo.

Cuando tenía veintidós años, Benito Juárez ingresó al Instituto de Artes y Ciencias y estudió muchas cosas, incluso derecho. Cuando tenía veinticinco años completó sus estudios y empezó a trabajar de abogado. En 1834 pasó los exámenes que le permitieron defender casos en la corte suprema.

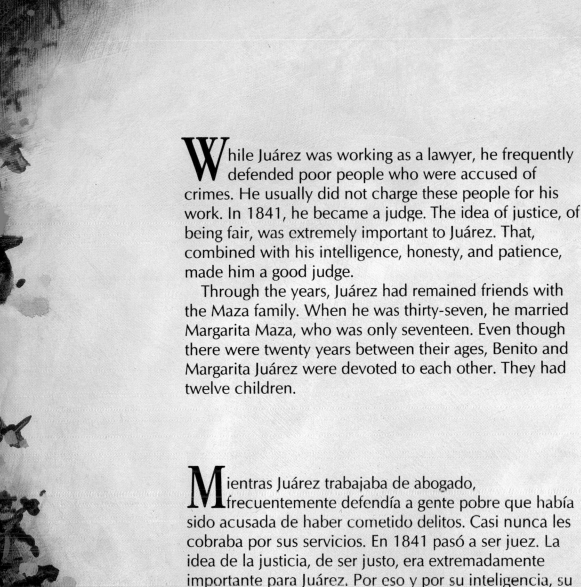

While Juárez was working as a lawyer, he frequently defended poor people who were accused of crimes. He usually did not charge these people for his work. In 1841, he became a judge. The idea of justice, of being fair, was extremely important to Juárez. That, combined with his intelligence, honesty, and patience, made him a good judge.

Through the years, Juárez had remained friends with the Maza family. When he was thirty-seven, he married Margarita Maza, who was only seventeen. Even though there were twenty years between their ages, Benito and Margarita Juárez were devoted to each other. They had twelve children.

Mientras Juárez trabajaba de abogado, frecuentemente defendía a gente pobre que había sido acusada de haber cometido delitos. Casi nunca les cobraba por sus servicios. En 1841 pasó a ser juez. La idea de la justicia, de ser justo, era extremadamente importante para Juárez. Por eso y por su inteligencia, su honradez y su paciencia, fue un magnífico juez.

Juárez había seguido siendo amigo de la familia Maza a través de los años. Cuando tenía treinta y siete años se casó con Margarita Maza, que tenía sólo diecisiete. A pesar de que había veinte años de diferencia entre ellos, Benito Juárez y Margarita Maza de Juárez se quisieron mucho. Tuvieron doce hijos.

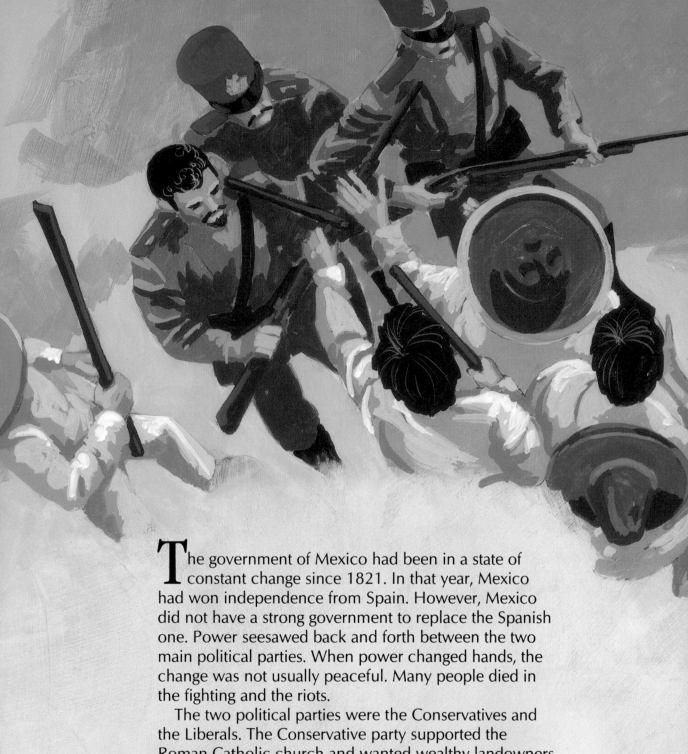

The government of Mexico had been in a state of
constant change since 1821. In that year, Mexico
had won independence from Spain. However, Mexico
did not have a strong government to replace the Spanish
one. Power seesawed back and forth between the two
main political parties. When power changed hands, the
change was not usually peaceful. Many people died in
the fighting and the riots.

The two political parties were the Conservatives and
the Liberals. The Conservative party supported the
Roman Catholic church and wanted wealthy landowners
to rule the country. The Liberals were in favor of free
elections and wanted to improve the conditions of the
poor. They thought that the Roman Catholic church had
too much power.

El gobierno de México había sufrido cambios
constantes desde 1821. En ese año se había logrado
independizar de España. México, sin embargo, no tenía
un gobierno fuerte para reemplazar al español. El poder
pasaba de uno al otro de los dos partidos políticos
principales. Cuando el poder cambiaba de manos no era
usualmente en forma pacífica. Mucha gente murió en las
luchas y revueltas.

Los dos partidos políticos eran los conservadores y los
liberales. El Partido Conservador apoyaba a la iglesia
Católica Romana y quería que los ricos terratenientes
gobernaran el país. Los liberales estaban a favor de las
elecciones libres y querían mejorar las condiciones de
vida de los pobres. Pensaban que la iglesia Católica
Romana tenía demasiado poder.

13

The Roman Catholic church was very different then. Priests charged money to baptize people, to hear confessions, and to do their other jobs. The church controlled the banks, owned mines and huge amounts of land, and had more money than the Mexican government. However, it paid no taxes. If a priest or other employee of the church was accused of a crime, he or she was not tried in a regular Mexican court but in a church court. The church did not want any changes in Mexican life. It had an enormous amount of power and wanted to keep it.

Juárez was a Roman Catholic, but he was also a Liberal. He was willing to fight for justice, even if he had to fight against the church.

La iglesia Católica Romana era muy distinta entonces a como es hoy en día. Los sacerdotes cobraban dinero para bautizar a las personas, para oír confesiones y para prestar sus otros servicios. La iglesia controlaba los bancos, era dueña de minas y de grandes extensiones de tierra y tenía más dinero que el gobierno de México. Sin embargo, no pagaba impuestos. Si un sacerdote u otro miembro de la iglesia era acusado de un delito, no se le juzgaba en los tribunales mexicanos sino en un tribunal de la iglesia. La iglesia no quería que hubiera ningún cambio en la vida mexicana. Tenía un enorme poder y quería conservarlo.

Juárez era católico, pero era también liberal. Estaba dispuesto a luchar por la justicia, aun si eso implicaba luchar contra la iglesia.

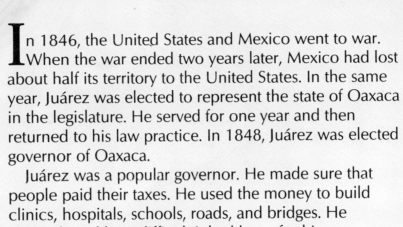

In 1846, the United States and Mexico went to war. When the war ended two years later, Mexico had lost about half its territory to the United States. In the same year, Juárez was elected to represent the state of Oaxaca in the legislature. He served for one year and then returned to his law practice. In 1848, Juárez was elected governor of Oaxaca.

Juárez was a popular governor. He made sure that people paid their taxes. He used the money to build clinics, hospitals, schools, roads, and bridges. He remembered how difficult it had been for him, as a poor Indian, to get an education. Therefore, he made sure that the new schools in Oaxaca welcomed Indian students— both boys and girls. When his term as governor was over, Juárez returned again to his law practice.

En 1846, hubo una guerra entre los Estados Unidos y México. Al terminar la guerra, dos años después, México había perdido más o menos la mitad de su territorio, que había pasado a ser de los Estados Unidos. Ese mismo año, Juárez fue electo para representar al estado de Oaxaca en la legislatura. Ejerció por un año y luego regresó a ejercer de abogado. En 1848, Juárez fue electo gobernador de Oaxaca.

Juárez gozó de popularidad como gobernador. Se aseguró de que la gente pagara los impuestos. Usó el dinero recaudado para construir clínicas, hospitales, escuelas, caminos y puentes. Se acordaba qué difícil había sido para él, un indio pobre, obtener instrucción. Por eso se aseguró que las nuevas escuelas de Oaxaca trataran bien a los alumnos indios tanto niños como niñas. Cuando su período como gobernador terminó, Juárez regresó a ejercer derecho.

In 1853, the president of Mexico was Antonio López de Santa Anna. He was a Conservative who hated all Liberals and especially Benito Juárez. One day, while Juárez was working, he was arrested. He had committed no crime, but people who disagreed with the government were often in great danger. Juárez was kept in jail for several months and was then put on a ship bound for Europe. The English captain disapproved of what had been done to Juárez and let him go ashore in Cuba. From there, Juárez made his way to New Orleans, Louisiana, in the United States.

En 1853, el presidente de México era Antonio López de Santa Ana. Era un conservador que odiaba a los liberales y en particular a Benito Juárez. Un día, a Juárez lo arrestaron mientras trabajaba. No había cometido delito alguno, pero las personas que no estaban de acuerdo con el gobierno estaban a menudo en gran peligro. A Juárez lo retuvieron en la cárcel por varios meses y luego lo embarcaron en un barco que iba a Europa. El capitán del barco, que era inglés, no estaba de acuerdo con lo que le habían hecho a Juárez y lo dejó desembarcar en Cuba. Desde allí Juárez pudo llegar a Nueva Orleans, en Luisiana, en los Estados Unidos.

In New Orleans, Juárez worked with other Mexican Liberals on plans to overthrow Santa Anna. In Mexico, that struggle was being led by Juan Alvarez. After two years, Juárez sneaked back into Mexico and joined the revolution. In 1855, the Liberals took control of the government. Alvarez became the president. He named Juárez as the minister of justice.

Juárez persuaded the legislature to pass one of the most important laws in the Mexican reform movement. It was called the Juárez Law, and it did away with separate courts for the church and the army. For the first time, all Mexicans were equal under the law. Another reform forced the church to sell much of its property. Most importantly, in 1857, the reform movement created a constitution. The constitution took away much of the church's power.

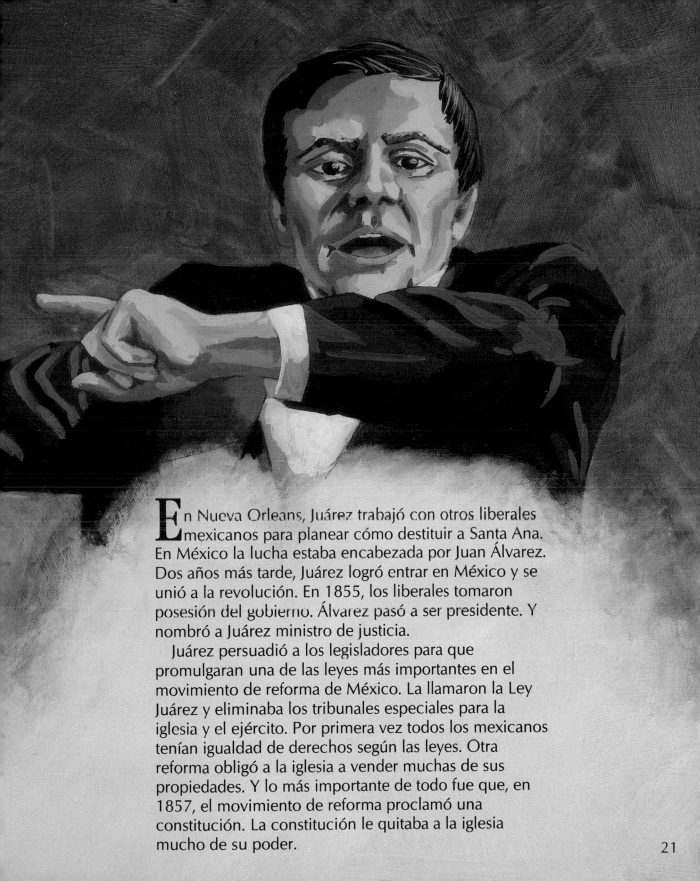

En Nueva Orleans, Juárez trabajó con otros liberales mexicanos para planear cómo destituir a Santa Ana. En México la lucha estaba encabezada por Juan Álvarez. Dos años más tarde, Juárez logró entrar en México y se unió a la revolución. En 1855, los liberales tomaron posesión del gobierno. Álvarez pasó a ser presidente. Y nombró a Juárez ministro de justicia.

Juárez persuadió a los legisladores para que promulgaran una de las leyes más importantes en el movimiento de reforma de México. La llamaron la Ley Juárez y eliminaba los tribunales especiales para la iglesia y el ejército. Por primera vez todos los mexicanos tenían igualdad de derechos según las leyes. Otra reforma obligó a la iglesia a vender muchas de sus propiedades. Y lo más importante de todo fue que, en 1857, el movimiento de reforma proclamó una constitución. La constitución le quitaba a la iglesia mucho de su poder.

In 1857, a new president was elected. Juárez was chosen to head the supreme court, which also made him the vice president. In 1858, the church and the army started a revolution. The president fled to the United States, and Juárez went to Guanajuato. According to the constitution, he was now the president of Mexico, so he claimed that the legal government was in Guanajuato. This was the beginning of a civil war that lasted three years.

Some of the leaders of Juárez's army quit, and others went over to the enemy's side. However, Benito Juárez was an energetic and stubborn man. He just did not give up, and the people's support for him grew day by day. Juárez's army slowly gained strength and won the war. Juárez returned to Mexico City as the legal president on January 11, 1861, but this was not the end of Mexico's problems.

En 1857 fue electo un nuevo presidente. A Juárez lo escogieron para dirigir la corte suprema, lo cual significaba que era también vice presidente. En 1858, la iglesia y el ejército iniciaron una revolución. El presidente huyó a los Estados Unidos y Juárez fue a Guanajuato. De acuerdo a la constitución él era ahora el presidente de México. Por esta razón declaró que el gobierno estaba en Guanajuato. Así comenzó una guerra civil que duró tres años.

Algunos de los oficiales del ejército de Juárez renunciaron y otros se pasaron al enemigo. Sin embargo, Benito Juárez era un hombre enérgico y tenaz. No se dio por vencido y cada día aumentaba el apoyo que recibía del pueblo. El ejército de Juárez cobró fuerza poco a poco y ganó la guerra. Juárez regresó a la ciudad de México como presidente legal, el 11 de enero de 1861, pero los problemas de México no habían terminado.

23

The Mexican government had almost no money, and it owed a large amount to other countries. England, France, and Spain decided to send armies to collect the debt. They invited the United States to join them, but President Abraham Lincoln angrily refused. Soon after landing in Mexico, the British and Spanish soldiers went home, but the French stayed. The leader of France, Emperor Napoleon III, wanted to take over Mexico. When the French army reached Mexico City, Juárez had to flee. The French set up a government with the Mexican Conservatives and brought in Maximilian of Austria to be the emperor. Mexico was now a monarchy.

El gobierno mexicano no tenía casi nada de dinero, le debía mucho dinero a otras naciones. Inglaterra, Francia y España decidieron enviar ejércitos para cobrar la deuda. Le pidieron a los Estados Unidos que se uniera a ellos, pero el Presidente Abraham Lincoln se negó rotundamente. Poco después de desembarcar en México los soldados ingleses y españoles regresaron a sus países, pero los franceses se quedaron. El emperador Napoleón III quería apoderarse de México. Cuando el ejército francés llegó a la ciudad de México, Juárez tuvo que huir. Los franceses establecieron un gobierno con los conservadores mexicanos y llevaron a Maximiliano de Austria para que fuera el emperador. México pasó a ser una monarquía.

Maximilian's army was fighting the small Mexican army led by Porfirio Díaz. Juárez had moved north and was also fighting Maximilian. The emperor had other troubles. For one thing, his government was running out of money. Also, Napoleon III was worried that the United States would get involved in the fighting.

In 1867, Napoleon decided to take the French soldiers out of Mexico. The Mexican Conservatives fought on, but they were defeated. Maximilian and the two top Conservative generals were captured and killed.

El ejército de Maximiliano luchaba contra el pequeño
ejército mexicano al mando de Porfirio Díaz. Juárez
se había ido al norte y también luchaba contra
Maximiliano. El emperador tenía otros problemas. De
una parte, su gobierno se estaba quedando sin dinero.
Por otra parte, Napoleón III temía que los Estados
Unidos interviniera en la contienda.

En 1867, Napoleón decidió sacar de México a los
soldados franceses. Los conservadores mexicanos
pelearon, pero fueron derrotados. Maximiliano y los dos
generales conservadores de mayor poder fueron
capturados y ejecutados.

Benito Juárez returned to Mexico City. He had gained his country's respect and admiration for his activities. In that same year, 1867, Juárez was re-elected president. The wars were over, but Mexico's problems were still enormous. The country and most of its people were very poor. There was little industry and almost no trade with other countries. Few of the people were educated. Many men, who had spent their entire lives as soldiers and now had nothing to do, became bandits and roamed the countryside.

Benito Juárez regresó a la ciudad de México. Se
había ganado el respeto y la admiración de su país
por sus acciones. En ese mismo año, 1867, Juárez fue
reelegido presidente, Las guerras habían terminado, pero
los problemas de México eran todavía enormes. El país y
la mayoría de su gente eran muy pobres. Había muy
poca industria y muy poco comercio con otros países.
Muy pocas de las personas tenían educación. Muchos
hombres, que se habían pasado la vida de soldados,
ahora no tenían nada que hacer, se volvieron bandidos y
asaltantes en los campos.

In the four years of Juárez's term of office, he went a long way toward making the government strong. Some people thought he made the government too strong and that he was becoming a dictator. When he was re-elected in 1871, the results were so close that congress had to decide who won. Then, Porfirio Díaz led a revolt against his old friend. The revolt was put down, but it was a bad way for Juárez to start a new term as president.

On July 18, 1872, Benito Juárez had a heart attack. His doctor ordered him to bed, but Juárez worked quietly until he died, just before midnight.

Benito Juárez was a brilliant, stubborn, honest, and simple man who wanted one thing. He wanted to improve the lives of the people of Mexico. More than any person before or since, he accomplished that goal.

Durante sus cuatro años de gobierno, Juárez se esforzó por fortalecer el gobierno. Algunas personas pensaban que le daba demasiados poderes al gobierno y que se estaba convirtiendo en un dictador. Cuando fue reelegido en 1871 los resultados de la votación fueron tan semejantes para los dos candidatos, que el congreso tuvo que decidir quien había ganado. Entonces Porfirio Díaz encabezó una revuelta en contra de su viejo amigo. La revuelta fue controlada, pero era un mal comienzo para el nuevo período de Juárez como presidente.

El 18 de julio de 1872, Benito Juárez sufrió un ataque al corazón. El médico lo mandó a la cama, pero él se quedó trabajando calladamente hasta que murió, cerca de la media noche.

Benito Juárez fue un hombre brillante, tenaz, honesto y sencillo que quería una cosa. Quería mejorar la vida de los mexicanos. Y nunca nadie, antes o después, ha cumplido este objetivo mejor que él.

GLOSSARY

civil war a clash between opposing groups of citizens in the same country

constitution the basic laws of a nation

dictator an individual who holds complete power over a country

legislature the lawmaking body of a government

monarchy the rule of a country by a king, emperor, or other royal leader

reform the removal or correction of an abuse or a wrong

revolt the attempted overthrow of a government

GLOSARIO

constitución las leyes básicas de una nación

dictador individuo que tiene completo poder sobre un país

guerra civil lucha entre dos grupos opuestos de los ciudadanos de un mismo país

legislatura cuerpo de legisladores, que dictan las leyes de un país

monarquía gobierno de un país por un rey, emperador u otra figura real

reforma eleminación o corrección de un abuso o falta

revuelta intento de deponer a un gobierno